L'autobus magique au fond de l'océan

L'autobus magique au fond de l'océan

texte de Joanna Cole • illustrations de Bruce Degen

texte français de Lucie Duchesne

avec la collaboration d'Élise Mayrand, Ph. D. en océanographie

Les éditions Scholastic

Données de catalogage avant publication (Canada)

Cole, Joanna
L'autobus magique au fond de l'océan

Traduction de: The magic school bus on the ocean floor.
ISBN 0-590-24318-7

1. Faune marine - Ouvrages pour la jeunesse.
1. Fonds marine - Ouvrages pour la jeunesse.
I. Degen, Bruce. II. Titre.

QL122.2.C6514 1994   j591.92   C94-930542-1

ISBN 0-590-24318-7

Titre original : The Magic Schoolbus on the Ocean Floor
Édition publiée par Les éditions Scholastic, 123, Newkirk Road, Richmond Hill (Ontario) L4C 3G5.

4 3 2   Imprimé aux États-Unis   4 5 6 7/9

Pour réaliser les illustrations de ce livre, l'illustrateur a utilisé l'encre de Chine, l'aquarelle, le crayon de couleur et la gouache.

Le nom des créatures et plantes marines ne figure
que la première fois qu'elles apparaissent.

L'auteure et l'illustrateur remercient John D. Buck, Ph.D., professeur d'océanographie au Marine Science Institute de l'Université du Connecticut, pour son aide et ses conseils.

Merci aussi au Docteur Susan Snyder, directrice de programme en formation des maîtres au service d'océanographie de la National Science Foundation, au Docteur Michael Reeve, du service d'océanographie de la National Science Foundation, à Madame Cindy Strong, professeure de biologie marine à la Bowling Green State University, à M. Maxwell Cohen, ainsi qu'au personnel du National Aquarium de Baltimore, du Thames Science Center de New London, Connecticut, et de l'American Museum of Natural History.

À Margo, Bruce, Emily et Beth, avec amour,
J.C.

À maman et papa, en souvenir de nos étés à la mer,
B.D.

La journée finissait, et il faisait *chaud* à l'école. Nous avions travaillé des heures et des heures à notre projet de sciences sur les océans. Madame Friselis était très fière de notre travail. Nous, nous étions *très* fatigués et nous avions *très* chaud.

Eh! qu'il fait chaud ici!

Regarde la robe de Mme Friselis.

Elle donne froid dans le

DÉV—

LE CLAIRON

PROTÉGEONS NOS OCÉANS par Catherine et Philippe

Les enfants nettoient une plage

ON N'EST PAS UN DÉPOTOIR! les Océan

Le plastique tue des animaux marins

MAQUETTES D'OURSINS par Grégoire
Je les ai faits avec de l'argile et des cure-dents.

Les oursins se déplacent au fond de la mer. Ils mangent des plantes. Des épines piquantes les protègent.

Voici la ph d'un oursi

COMMENT SE DÉPLACENT LES CRÉATURES MARINES
par Élise, Christophe et Raphaël

Les poissons agitent leur queue d'un côté et de l'autre

Les baleines agitent leur queue de haut en bas.

Les méduses ouvrent leur corps comme un parapluie et le referment brusquement pour se propulser vers le haut.

Les calmars aspirent de l'eau et la projettent pour se propulser vers l'avant ou vers l'arrière.

Les pétoncles ouvrent et ferment rapidement leurs coquilles pour se déplacer.

Voici ma sculpture d'un HUMUHUMUNUKUNUKUAPUAA POISSON QUI VIT À HAWAII (Le nom est plus long que le poisson)
— Alexandre

Nous étions en train de mettre la dernière main à notre projet sur la façon dont les créatures marines se déplacent dans l'eau, lorsque quelqu'un a dit : «Ce serait bien si nous, on pouvait aller à l'eau.»

Carte de mers non cartographiées

Madame Friselis a levé les yeux et, sans prévenir, nous a dit :
«En fait, les enfants, j'avais prévu une excursion à la mer, pour demain.»
Nous avons tous applaudi.
Parfois, ce n'est pas si mal d'avoir une professeure bizarre.

À la mer?

Là où on peut se baigner?

C'est vrai?

Ne pose pas de questions. Prépare-toi, c'est tout.

POURQUOI L'EAU DE MER EST-ELLE SALÉE? par Thomas

La plupart du sel de l'eau de mer vient des roches. Les roches contiennent du sel. Quand elles sont usées par l'eau, le sel va dans l'eau.

SEL 16kg

SEL 16 kg

Il y a 32 kg de sel dans 1m³ d'eau de mer.

SALADES   REPAS CHAUDS

Le lendemain, tout le monde est arrivé avec son maillot de bain. Nous sommes montés à bord de notre vieil autobus scolaire, et Frisette a fait démarrer le moteur. Nous allions passer une journée au soleil!

Lorsque l'autobus est arrivé à la plage, tout le monde se bousculait à la porte pour sortir.
Mais savez-vous quoi?
Madame Friselis n'a pas arrêté l'autobus. Elle a continué, passant devant la chaise du sauveteur, jusqu'au bord de l'eau.

D'OÙ VIENT LE SABLE?
par Pascale
Le sable se forme lorsque les roches se brisent et s'émiettent en particules. Chaque grain de sable est en fait un minuscule morceau de roche ou de coquillage.

Je suis Ronald le sauveteur. Voici une photo de moi avec un rescapé de 3e année.

Mmmm...

Hé! où est-ce qu'on va?

Elle devrait se garer dans le stationnement, non?

Mmmm...

L'ALBUM DE RONALD LE SAUVETEUR

SAUVETEUR

AUTANT EN EMPORTE LE SABLE

Par les fenêtres, nous apercevions des mares tidales — des flaques d'eau qui restent sur le rivage quand la marée descend.
Nous espérions que Frisette nous laisserait descendre, mais elle n'en avait pas du tout l'intention. Elle a continué à conduire l'autobus à toute vitesse, tout droit dans l'océan.

NOUS SOMMES ICI
L'AUTOBUS MARIN

MARE TIDALE
MARÉE HAUTE
MARÉE BASSE
ZONE INTERTIDALE

Elle <u>avait dit</u> qu'on allait à la plage.

Non. Elle a dit qu'on allait a la <u>mer</u>.

On s'en va plutôt <u>dans</u> la mer.

Algues

Bigorneaux

Étoiles de mer

Patelles

Moules

Crabe vert

Balanes

Oursins

Soudain, une étrange vague s'est levée. Madame Friselis a ouvert la porte de l'autobus, et le sauveteur a littéralement été aspiré à l'intérieur.

Par les fenêtres, nous ne voyions que de l'eau qui tourbillonnait. Tout le monde s'est mis à crier et a fermé les yeux.

Goéland

La meilleure façon d'en apprendre sur l'océan est de l'étudier de près.

Pas d'aussi près!

AU SECOURS!

Bonjour. Je suis Ronald, le sauveteur.

Parfait. Je me sens déjà plus en sécurité.

On plonge!

Lorsque nous avons finalement rouvert les yeux, tout était tranquille autour de nous. Nous étions dans l'océan, et certains petits détails avaient changé. L'autobus était devenu un sous-marin, et nous portions tous une combinaison de plongée. Nous aurions pourtant dû le prévoir. C'était encore une de ces excursions de classe farfelues de madame Friselis.

Au même instant, madame Friselis a commencé à nous parler de l'océan. «Nous passons actuellement sur le plateau continental, a-t-elle dit. C'est la zone qui va du littoral jusqu'à une profondeur de 150 à 200 mètres.»

QU'EST-CE QUE LE PLATEAU CONTINENTAL?
par Carmen

Tout autour des continents du monde, le sol descend dans la mer et est recouvert d'eau. Cette partie du sol immergée s'appelle le plateau continental.

EN EAUX TROUBLES

Les enfants, l'eau devient de plus en plus profonde.

J'ai l'impression que l'autobus a changé...

Grondeurs

UN NOUVEAU MOT
par Hélène-Marie

Un continent est l'une des sept principales masses de terre qui composent la Terre.

1. Afrique
2. Antarctique
3. Asie
4. Australie
5. Europe
6. Amérique du Nord
7. Amérique du Sud

NOUS SOMMES ICI
PLATEAU CONTINENTAL
AUTOBUS MARIN

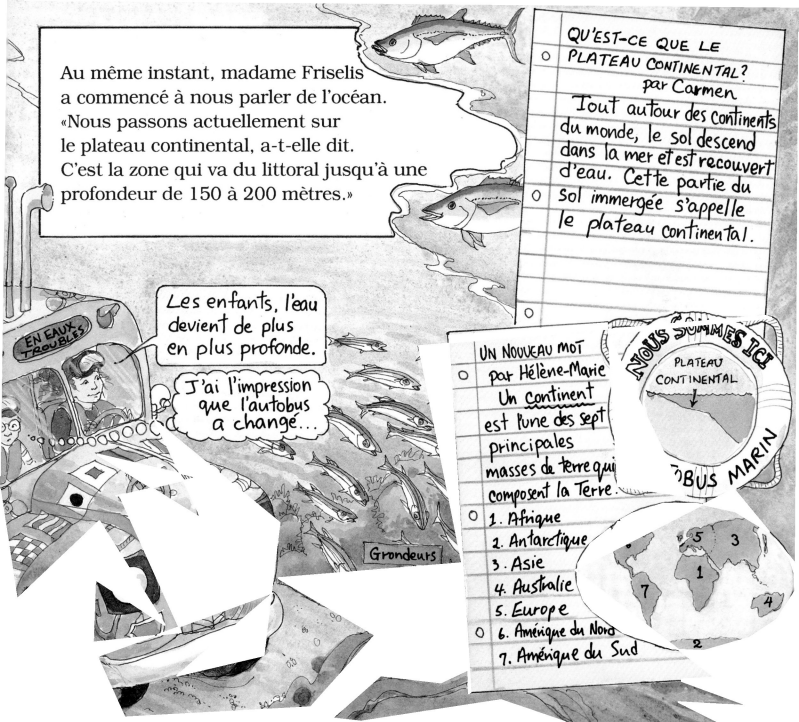

COMMENT LES POISSONS RESPIRENT-ILS SOUS L'EAU?
par Mathilde

Les humains ont des poumons qui tirent l'oxygène de l'air. Les poissons ont des branchies qui tirent l'oxygène de l'eau.

OXYGÈNE DISSOUS DANS L'EAU

EAU

EAU

LES BRANCHIES TIRENT L'OXYGÈNE

L'EAU PASSE À TRAVERS DES BRANCHIES

L'eau entre dans la gueule du poisson, puis passe par les branchies et s'échappe par des fentes sur les côtés du poisson.

Puis madame Friselis a décidé que c'était le moment de nous laisser sortir de l'autobus. Heureusement, nous avions des bonbonnes d'oxygène! Autour de nous, il y avait des poissons, des poissons, une mer de poissons! «La plupart des espèces de poissons se déplacent en grands groupes appelés *bancs*», a dit madame Friselis.

Plus bas, sur le sol boueux, des homards attrapaient des crabes. Des étoiles de mer se servaient de leurs branches pour ouvrir des coquillages appelés bivalves. Et des méduses ondulaient autour de nous, attrapant de petits poissons avec leurs tentacules urticants (ça veut dire brûlants).
L'océan était grouillant de vie!

Méduse

Les poissons et fruits de mer que nous mangeons viennent presque tous du plateau continental, Jérôme

Je pensais qu'ils venaient du supermarché.

Buccins

MÉFIEZ-VOUS DES IMITATIONS
TOUTES LES CRÉATURES MARINES NE SONT PAS DES POISSONS! par Grégoire

Un vrai poisson a une colonne vertébrale, des branchies et des nageoires. Certains animaux sont appelés «poissons» mais n'en sont pas. En fait, ce sont des invertébrés, c'est-à-dire des animaux sans colonne vertébrale.

En voici quelques-uns:

Méduse

Étoile de mer

Coquillages et crustacés

Pétoncle   Moule   Escargot   Crabe

Étoile de mer

Bivalve

Pétoncles

Madame Friselis nous a expliqué qu'il y avait même dans l'eau des créatures invisibles à l'oeil nu. Elle a sorti un microscope et nous a fait examiner l'eau de mer. Nous avons alors aperçu des créatures étranges. «Les enfants, a-t-elle annoncé, ces êtres vivants minuscules sont du *plancton.*»

LES REQUINS SONT DES POISSONS — par Simone

La plupart des requins nagent rapidement et ont des dents acérées. D'habitude, ils mangent des créatures marines comme les crabes, les poissons, les phoques — et même d'autres requins.

QUELQUES ESPÈCES DE REQUINS

Requin blanc →

← Requin-marteau

Requin renard →

Requin nourrice →

UN SQUELETTE DIFFÉRENT
par Raphaël

Les requins n'ont pas d'os, comme les autres poissons. Leur squelette est fait de cartilage. C'est la même substance flexible que tu as dans le pavillon de tes oreilles et au bout de ton nez.

Oh non! C'étaient des requins-tigres! Madame Friselis nous a recommandé de ne pas nous énerver, parce que la plupart de requins ne mangent pas les humains. «Il y a très, très peu de gens qui sont dévorés par les requins», a-t-elle dit.
Mais cela ne nous a pas réconfortés.

Requins-tigres

D'habitude, les requins-tigres ne mangent pas les humains, mais ils peuvent attaquer des humains à proximité!

Oh oh! nous sommes à proximité

Puis un énorme requin-baleine est passé à côté de nous. «Les requins-baleines ne font jamais de mal aux humains. Ils ne mangent que du plancton», a précisé madame Friselis. Le requin géant a plongé plus bas et nous l'avons suivi.

Nous quittions donc le plateau continental en longeant une falaise abrupte appelée *pente continentale*. Nous étions en route vers le fond de l'océan, ou *plaine abyssale*.

Hé, le requin! Reviens! Je suis censé sauver ...

LE REQUIN-BALEINE N'EST PAS UNE BALEINE - par Damien
Le requin-baleine n'est pas un mammifère comme la baleine. On l'appelle ainsi parce qu'il est le plus gros des requins, presque aussi gros qu'une baleine.

NOUS SOMMES ICI
PENTE CONTINENTALE
L'AUTOBUS MARIN

Après un moment, le requin baleine s'est éloigné, mais Frisette a continué à descendre. L'eau était glaciale et noire comme de l'encre. La lumière du soleil ne pouvait se rendre aussi profond. Madame Friselis a allumé sa lampe de poche et, quand nous nous sommes approchés de l'autobus, nous avons remarqué qu'il avait encore changé de forme.

Tu n'as pas peur du noir, Jérôme?

Qui, moi? C'est ma couleur préférée. J'adore le noir. On peut retourner à la maison?

D'OÙ VIENNENT LES SOURCES HYDROTHERMALES? - par Alexandre

Ces cheminées sont formées quand l'eau de mer s'infiltre dans des fissures du fond de l'océan. L'eau entre en contact avec de la roche extrêmement chaude, à l'intérieur de la Terre. Puis l'eau chaude est expulsée par la cheminée

EAU

LAVE

COMMENT SE FABRIQUE LA NOURRITURE, PRÈS D'UNE SOURCE HYDROTHERMALE? par Élise

Des bactéries spéciales fabriquent leur propre nourriture en utilisant l'énergie produite par la chaleur et le sulfure d'hydrogène qui sort de la cheminée. C'est cette nourriture qui assure la plupart de la vie marine près de la cheminée.

Plus loin devant, nous avons aperçu un endroit grouillant de vie. C'était comme un jardin sous-marin peuplé d'animaux bizarres. «C'est une source hydrothermale, les enfants, a dit Frisette. Cette cheminée est une ouverture dans le fond de l'océan. De l'eau très chaude mélangée à un gaz, le sulfure d'hydrogène, s'en échappe.»

Près d'une source hydrothermale, il y a assez de nourriture pour plusieurs gros animaux.

Ces riftias ressemblent à d'énormes bâtons de rouge.

Palourdes géantes 30cm et plus

Riftia (2 à 3m)

Madame Friselis nous a expliqué qu'il existait de nombreuses autres cheminées de ce genre au fond de l'océan. «Malheureusement, nous ne pourrons pas les explorer», a-t-elle ajouté. Puis elle a poussé un levier sur le tableau de bord, et l'autobus a filé vers la surface.

Ces vers ressemblent à du spaghetti.

Quand est-ce qu'on mange!

Arrête, ça me coupe l'appétit

Cette anémone de mer a l'air d'un pissenlit.

Anémone (5cm)

Crabes et crevettes des fumeurs (jusqu'à 30cm)

Couche de bactéries (1m d'épaisseur)

Vers spaghettis

QUAND A-T-ON DÉCOUVERT LES SOURCES HYDROTHERMALES?
par Christophe

Ce n'est que depuis les années soixante-dix qu'on connaît l'existence des sources hydrothermales. Avant, les océanographes n'avaient jamais pu voir de gros animaux comme ceux-ci au fond de l'océan.

Grosseur réelle de polypes coralliens typiques

chaque petit cercle représente un polype

COMMENT LES POLYPES SE
NOURRISSENT — par Véronique

La plupart des coraux se nourrissent la nuit. De minuscules bras sortent du squelette calcaire d'un corail. Les bras attrapent du plancton et le portent à la bouche du corail.

BOUCHE
BRAS
SQUELETTE

POLYPE
LE JOUR

LE MÊME POLYPE
LA NUIT

Et nous nous sommes retrouvés à la surface de l'océan, filant vers une île ensoleillée. L'autobus s'était transformé en bateau à fond transparent! À travers le plancher, nous voyions quelque chose qui ressemblait à des rochers tout colorés. Madame Frisette nous a dit que c'était un récif de corail, fait de minuscules animaux appelés polypes. Nous avons plongé pour explorer les environs.

N'allez pas trop loin! Je n'ai pas fini de vous sauver!

SAUVETEUR

Avait-il commencé à nous sauver?

Il fait de son mieux, voyons.

Plumes de mer

Le récif était composé de nombreuses espèces différentes de coraux. Certains ressemblaient à des arbres avec des branches, d'autres à des éventails ou à des doigts. Et certains ressemblaient même à des cerveaux humains!

TROIS TYPES DE RÉCIFS DE CORAIL ~~~ par Thomas

1. Un récif frangeant est relié à la côte.

VU DU HAUT — RÉCIF → VU DE CÔTÉ

2. Un récif barrière est séparé de la côte par de l'eau. → EAU →

3. Un atoll est un anneau de corail autour d'un volcan inactif submergé. → VOLCAN SUBMERGÉ →

NOUS SOMMES ICI
ÎLE
RÉCIF FRANGEANT
MARIN

Mme Friselis et ses élèves sont sur un récif frangeant fixé au rivage d'une île.

«Les récifs de corail abritent beaucoup de plantes et de créatures marines», a dit Frisette.

Nous avons aperçu des crabes et des homards, de grosses anguilles et des pieuvres, des limaces de mer et des oursins, sans parler des poissons les plus colorés du monde marin.

Souriez, tout le monde!

Je suis une vedette, une étoile!

Mais madame Friselis nous a dit que c'était le moment de partir. Comme personne ne voulait rester là, nous sommes tous montés à bord. Frisette a appuyé sur l'accélérateur, et l'autobus s'est remis en marche en faisant péniblement *teuf-teuf.*

Tout près de nous, un troupeau de dauphins s'amusait. Au loin, nous avons aperçu une baleine. Tout semblait normal, mais nous avons soudain remarqué que quelque chose de bizarre se produisait : l'autobus s'aplatissait.

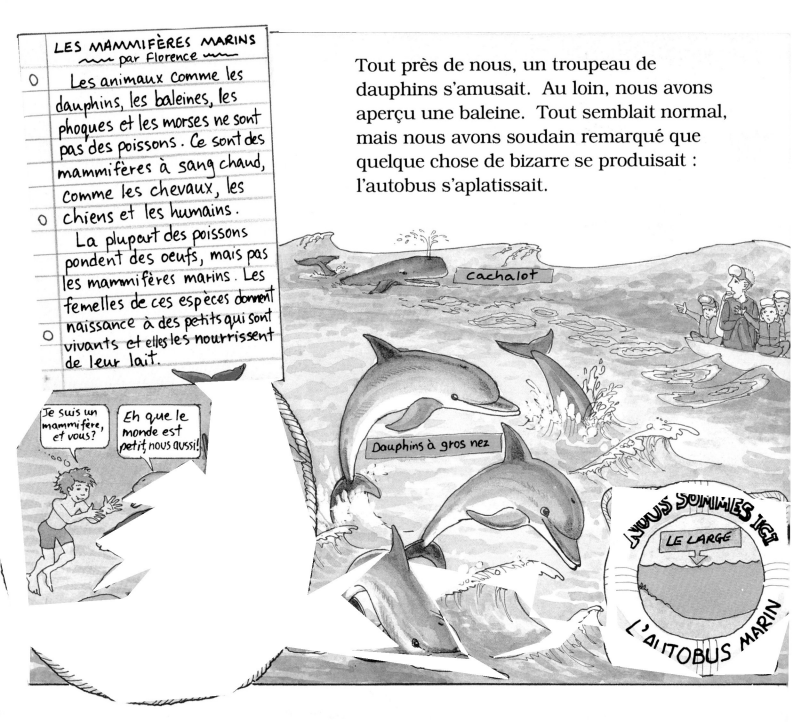

LES MAMMIFÈRES MARINS
~~~ par Florence ~~~

Les animaux comme les dauphins, les baleines, les phoques et les morses ne sont pas des poissons. Ce sont des mammifères à sang chaud, comme les chevaux, les chiens et les humains.

La plupart des poissons pondent des oeufs, mais pas les mammifères marins. Les femelles de ces espèces donnent naissance à des petits qui sont vivants et elles les nourrissent de leur lait.

Comme d'habitude, madame Friselis était la seule à rester calme.
Elle nous a conduits le long d'un courant océanique sur lequel nous avons vogué pendant des milliers de kilomètres.
Enfin, nous avons aperçu notre plage.

Et nous devions essayer de nous y accrocher, sur une vague géante qui nous amenait tout droit vers le rivage!

Oh non! c'était une vague déferlante! Toute la classe était sens dessus dessous et, soudain, nous nous sommes retrouvés sur la plage.

Nos combinaisons de plongée avaient disparu. L'autobus était redevenu comme avant, dans le parc de stationnement, comme si rien ne s'était passé.
Nous avons remercié Ronald et nous sommes repartis.

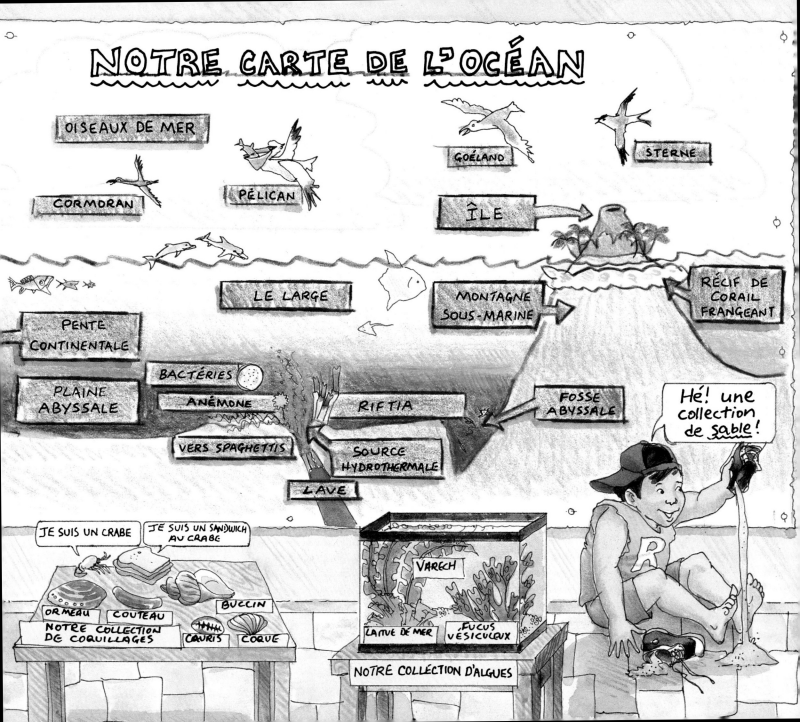

Après toutes ces péripéties, nous n'avions plus qu'une seule envie : aller nous reposer à la maison.
Et comme c'était vendredi, ça tombait drôlement bien!

TEST À CHOIX MULTIPLES

Tout d'abord, lis la question. Ensuite, lis les trois réponses (a, b et c). Choisis ta réponse et, pour savoir si tu as trouvé la bonne, consulte les solutions données à la page suivante.

QUESTIONS

1. Pour de vrai, qu'est-ce qui se passerait si un autobus scolaire plongeait dans l'océan?
  a. L'autobus se transformerait en sous-marin, puis en soucoupe plongeante, puis en bateau à fond transparent et, enfin, en planche de surf.
  b. L'autobus ne changerait pas de forme.
  c. L'autobus se transformerait en bouteille de mousse pour le bain.

2. Est-il possible d'explorer tout l'océan en une seule journée?
  a. Oui, si on voyage à dos d'étoile de mer.
  b. Non, c'est impossible en un seul jour. Il te faudrait des mois, quel que soit ton moyen de locomotion.
  c. Peut-être. Ça dépend du nombre d'heures qu'il y a dans une journée.

3. Est-ce que les créatures marines peuvent vraiment parler?
  a. Oui, mais seulement quand elles ont quelque chose d'important à dire.
  b. Oui, mais ça fait bien, bien des bulles.
  c. Non, les créatures marines ne peuvent pas parler.

Trouve ce qui est vrai et ce qui est faux!

RÉPONSES :

1. La réponse est **b**. Un autobus ne peut pas par magie se transformer en un autre véhicule. Un autobus ne peut pas aller sous l'eau, car l'eau s'infiltrerait à l'intérieur et le ferait sombrer.

2. La réponse est **b**. Il faut beaucoup de temps pour parcourir des milliers de kilomètres sous l'eau. Même les baleines prennent des mois à migrer d'une partie de l'océan à l'autre.

3. La réponse est **c**. Beaucoup de poissons produisent des sons, et on croit que les baleines et les dauphins communiquent d'une façon spéciale. Mais les créatures marines n'utilisent pas de langue humaine, et personne n'a jamais entendu une étoile de mer raconter une histoire drôle.

Joanna Cole n'a jamais exploré le fond de l'océan à bord d'un autobus scolaire, mais elle a passé bien des étés au bord de la mer. Madame Cole est née au New Jersey (États-Unis), et elle a bien des souvenirs de bord de mer : elle collectionnait les coquillages et les crabes, construisait des châteaux de sable et fonçait dans les grosses vagues. Aujourd'hui, elle écrit des livres pour les jeunes, dont la série de *l'autobus magique.* Elle a gagné en 1991 le prix du *Washington Post* et de la Children's Book Guild pour l'ensemble de son oeuvre. Elle a déjà été enseignante et réviseure, mais maintenant, elle se consacre à temps plein à l'écriture et vit au Connecticut avec son mari et sa fille.

Quand il était jeune, *Bruce Degen* jouait sur la plage de Coney Island (près de New York). Et quand sa mère lui criait de sortir de l'eau, il faisait toujours mine de ne pas l'entendre. Depuis cette époque, M. Degen a eu l'occasion de visiter d'autres plages et des aquariums pour se familiariser avec les poissons qu'il a dû dessiner dans ce livre. Il est devenu ami avec un éléphant de mer du Nord. Il a illustré plus d'une vingtaine de livres pour enfants et vit au Connecticut avec sa femme et ses deux fils.